# ¿Qué Pasará en El comienzo?

# ¿Qué Pasará en El comienzo?

Dr. Arie Louise Forshe, Ph.D, MSW

**To order additional copies of this book, contact:**
Xlibris
1-888-795-4274
www.Xlibris.com
Orders@Xlibris.com
740253

# CONTENTS

Véase a sí mismo con los ojos de EL LIBRO DE
GÉNESIS

Pastora, Dr. Arie Louise Forshe, Ph.D, MSW

Este libro está dedicado a Dios.

Este libro está disponible en Inglés y Español.

# Capítulo 1

## *¿Qué Día?*

---

Responde a la siguiente pregunta,
y son de opción múltiple.

1.) ¿Qué día hizo Dios a las patatas dulces?
   a.) El primer día b.) El tercer día c.) El cuarto día

2.) ¿Qué día hizo Dios maíz en el Cobb?
   a.) El tercer día b.) quinto día c.) sexto día

3.) ¿Qué día hizo Dios el pan de trigo?
   a.) El primer día b.) El segundo día c.) El tercer
día

4.) ¿Qué día hizo Dios el águila?

a.) El segundo día b.) El tercer día c.) El quinto día

5.) ¿Qué significa el águila para espiritualmente?
a.) el valor b.) la fuerza c.) la paz

6) Al pensar en nuestra fe cristiana, creemos en
a.) nuestro líder b.) nuestro amigo c.) Dios

7.) ¿Qué pasó con nuestra fuerza cuando esperamos en el Señor?
a.) Se trata de debilitar b.) Tenemos favor c.) Se renueva

8.) ¿Qué día hizo Dios el cocodrilo?
a.) el tercer b.) El cuarto día c.) el quinto día

9.) Cuándo fue Moisés salvado de cocodrilo.
a.) como un adulto b.) como un niño c.) como un pequeño bebé

10.) ¿Cuál era el nombre del agua corporal que Moisés estaba en?
a.) El Mar Rojo b.) Nilo C) Río Galilea

11.) ¿Qué día hizo Dios el Sistema Solar?
   a.) el segundo día b.) el tercer día c.) el quinto día

1.) ¿Qué día hizo Dios el Sistema Solar?
   a.) el segundo día b.) el tercer día c.) el quinto día

12.) ¿Qué día hizo Dios al Mar?
   a.) el día cuarto b. El segundo día c. sexto día

13.) ¿Qué día hizo Dios a Venus?
   a.) el día primero b. el día séptimo c. El segundo
día

14.) ¿Qué día hizo Dios a las sillas?
   a.) el día primero b. El segundo día c. el tercer día

15.) ¿Qué día hizo Dios un lápiz?
   a.) el tercer día b. el día sexto c. el séptimo día

16.) ¿Qué día hizo Dios una puerta de madera?
   a.) el tercer día b. Al cuarto día c. el sexto día

7a.) ¿Qué día hizo Dios el océano?
   a.) el tercer día b. Al cuarto día c. El segundo día

18.) ¿Qué día hizo Dios oxígeno?

   a.) el tercer día b. Al cuarto día c. el sexto día

9a.) ¿Qué día hizo Dios la primera capa de lana?

   a.) el tercer día b. Al cuarto día c. el sexto día

20a) ¿Qué día hizo Dios el animal más alto?

   a.) el tercer día b. Al cuarto día c. el sexto día

Aquí están las respuestas.

1. b 1:8
2. a. 1:8
3. c. 1:8 c. 1:19 b. Isaias 40
4. c. (6a).
5. c. Isaias c. 1:20-21
6. b. Éxodo 2:1-5
7. b
8. a Génesis 1:8
9. b
10. c.
11. a
12. c
13. c
14. c

Moisés es el primer autor, el libro de Génesis. Él escribió los primeros cinco libros de la Biblia. Adán fue el primer padre, y el primer Zoólogo, y el primer paisajista. Capitulo 2

Eva fue la primera madre y ayudó multiplica la tierra. Capitulo 2

Aquí hay otros que aprenderá sobre en el este primer libro de la Biblia.

Caín es la primera arquitectura. 4: 7

Tubal fue la arquitectura de bronce y de hierro. 4:22

Noé es el tercer arquitectura de un gran barco que se llama el arca.

Abraham fue el primer misionero. 12: 1: 3, y el Hebreo 11: 8-19

Abraham fue el primero en ser llamado una profeta. 20: 7

Debora la primera enfermera. 35: 8

José fue el primer gobernador extranjera de Egipto 41:41

Sarai era única mujer en la Biblia donde Dios cambió su nombre. 17:15

1.) Todos tenemos un propósito aquí en la tierra.

2.) ¿Cuándo naciste?

3.) ¿Cuál es tu propósito? Isaías 43: 7

4.) ¿Te examinarse a sí mismo? 2 Corintios 13: 5

5.) Es propósito de Dios para su vida? proverbios 19:21

La primera Genealogía, la familia de Adán 5
Cosas que hacer sobre del propósito de Dios para su vida.

Jeremias 1:5

1. Los padres y abuelos después de enterarse que su propósito en la vida.

2. Madres jóvenes, madres y abuelos esto es muy importante. comienzo orar pidiendo a Dios lo que es su hijo o nieto propósito en la vida.

3. A continuación, después de que Dios le dice que su propósito loveones para la vida, se empieza a comprar libros y juguetes en esa zona para ayudar a su hijo a desarrollar y crecer.

Los padres no importa la edad que su hijo es todavía se puede orar por él o ella. Los abuelos que pueden orar también.

# Capitulo 2

## *El primer Gran Pecado del Universo*

---

1.) ¿Cuándo Eva tiene su primera ilusión?

2.) ¿Cuándo Adán hacer su primer error?

3.) ¿Cuál fue la primera pregunta que Dios le preguntó a Adán en este capítulo? 3: 9

4.) ¿Cuál fue la tercera pregunta que Dios le preguntó a Adán en este capítulo? 03:11

5.) ¿Cuál fue la primera pregunta que Dios le preguntó a Eva en este capítulo? 3:13

6.) ¿Cuál es el animal terrestre maldicen más que cualquier otro animal? 3:14

7.) ¿Quién comerá polvo todo el día de su vida? 3:15

8.) ¿Quién causó el primer dolor del parto? 3:16

9.) ¿Quién causó la primera ola de calor? 3:19

10.) ¿Por qué Adán llamó a su mujer Eva? 3:20

11.) ¿Cuál fue la cuarta castigo por haber desobedecido a Dios? 3:23

12.) Que guardaban el Jardín Edén, para evitar que Adán y Eva para volver? 3:24

13.) ¿Cuál era el nombre del árbol? 3:23

14.) ¿Qué significa el árbol de la vida representa? 03:22

15) ¿Qué tipo de ropa hizo Dios para Adán y Eva? 3:21

16.) Lo hizo Eva recibir sabiduría divina por su acción?

Verdadero o falso

17.) ¿Cuál fue la lección de la víspera de la primera vida?

18.) ¿Qué piensa usted que podría haber aprendido?

19.) ¿Qué aprendió al leer el capítulo tres para hacer que una persona más sabia?

20.) ¿Qué lecciones crees que Adam podría haber aprendido a través del castigo de Dios?

21.) ¿Qué aprendió de las acciones de Adán?

# Capítulo 3

## *El primer Asesinato del Mundo Creativo de Dios*

---

1.) Lo que era las palabras de la primera madre después del nacimiento de su hijo? 4: 1

2.) ¿Cuál fue Adán y Eva primer nombre del niño? 4: 1

3.) ¿Cuál era el nombre de Adán y Eva segundo hijo? 4: 2

4. 4.) ¿Cuál era su propósito en la vida? 4: 2

5.) Dios le preguntó a los dos hermanos para una oferta. Lo que estaba ofreciendo Kaín? 4: 3

6.) Lo que estaba ofreciendo a Abel? 4: 4

7.) ¿Quién está ofreciendo aceptó Dios? 4: 4

8.) ¿Cuál fue la reacción de Kaín a la elección de Dios? 4: 5

9.) ¿Cómo Dios trató de consolar a Kaín? 4: 7

A.) Hizo Kaín aceptar la fuga de Dios cabo? 4: 7

Verdadero o falso

b.) Debido a que Kaín se negó a hablar con Dios lo que pasó? 4: 8

c)Cuál fue la primera pregunta de Dios a Kaín y lo fue Kaín responde a Dios? 4: 9

10.) Lo que clama a Dios desde la tierra? 4:10

11.) ¿Cuál fue la reacción de Caín a su castigo? 4:13

12.) ¿Cuál fue Caín por miedo de dejar la tierra? 4:15

3.) ¿Cómo puede caín reacción a la ira a prevenir problemas en su vida?

14.) ¿Cómo mostró Dios merced a usted?

15.) ¿Cumplió con pedir perdón?

16.) ¿Qué opinas Caín aprendió de sus consecuencias?

17.) ¿Qué aprendió de sus consecuencias de sus malas decisiones?

18.) ¿Cree que las consecuencias son eliminados por pedir perdón?

19.) ¿Usted cree que las consecuencias le ayudan a aprender a ser una persona más sabia?

20.) ¿Cree que Dios le mostró a Caín de su misericordia y amor?

Qué crees que es lo que se siente.

Lo que sientes es lo que actúas.

No se acueste en su enojo. Efesio 4: 26-27

La ira se eleva

1.) El enojo nos permite saber que hay un problema.
Es como una luz parar. ¡Detener!
Dios nos quiere resolver el problema.

totalmente fuera de control - l – furioso (d.)

cualquier cosa puede suceder l

Tu corres una luz roja.- l - l - rabia - peligro! 4:13

l - ha perdido el control (c.)

a. y b.) luz roja – l- enojar - parar!

¿Qué está mal? – l - frustración – Echale un vistazo

l - enojo leve

Luz amarilla-l- irritacion - ceder el paso- (1.)

Incómodo – l – molester

1.) ¿Qué es Dios tratando de decir?
   a.) Habla con Dios antes es demasiado tarde. 4:6
   b.) Parar – (Usted no terminar como Caín.)
   c.) Lo vas a lamentar sus acciones
   d.) No te gustará las consecuencias

# Capítulo 4

## *Asignación Noé Mayor*

---

1.) ¿Cómo vio Dios a Noé? 6: 9

2.) Qué Noé caminaba con Dios? 6: 9

3.) ¿Cómo Dios ve el mundo? 6:11

4.) ¿Qué le dijo Dios a Noé? 6:13

5.) ¿Cuál fue la instrucción de Dios a Noé? 6:14

6.) ¿Cómo llamó Dios su castigo de la tierra? 06:17

7.) ¿Cuál era Dios pacto con Noé? 06:18

8.) ¿Cuál fue la asignación de Noé después de que él construye el arca? 6: 19-20

9.) ¿Cuál fue el siguiente que Dios le dijo que hiciera? 6:21

10.) ¿De qué manera esta historia te enseña acerca del carácter de Dios?

11.) ¿Cómo puede esta historia le impide tomar malas decisiones?

12) ¿Qué se puede aprender acerca de las personas en esta historia?

3.) ¿Qué características tiene como Noé?

14.) ¿Cree que Noah quería agradar a Dios?

15.) ¿Cómo desea agradar a Dios?

# Capitulo 5

## *La Sanre y El pacto*

---

Una de las formas Dios ha elegido para comunicarse a usar ser por un pacto.

1.) Dios hablado a Adan y lego hablado con Noé.

¿Hizo Dios repetir el mismo cuando hablado con Noé?

Leer versos 9:10, 12, 16 y 17 lego responde a las preguntas.

2.) ¿Es un pacto de Dios incondicional?

a.) ¿Podemos pensar de el pacto de Dios como eterno?

b.) ¿Tú crees el pacto de Dios es universal?

3.) ¿Es la vida en la sangre?

Responde las siguientes preguntas.

4.) ¿ Qué hace la sangre significar?

Éxodo 12:3

Éxodo 29:2

Éxodo 30:10

Juan 1:7

Ramanos 5:9

Colosenses 1:20

5.) ¿Tú crees que la samgre sellado el pacto Nuevo?

Matoe 26:28

# Capitulo 6

## *Qué Sobre Los egos?*

---

1.) ¿Cuántos idiomas hizo el mundo entero tener después el diluvio? 11:1

2.) ¿La gente en esta capitulo, dunde hizo ellos hacer su primero error?

3.) ¿Qué fue su Segundo error?

4.) Quién vino a la ciudad? 11:5

5.) ¿Qué fue el plan de Dios para esta ciudad?

6.) ¿Qué fue la comportamiento de Dios?

7.) Pro qué es la ciudad llamado Babel? 11:9

8.) ¿Cuántos lenguas eran haly en ese momento en la tierra? 11:9

9.) ¿Tienen su ego que causa tu problema en el pasado?

10. ¿Cuáles fueron los consecuencias de tu accion?

11.) Lista tres cosas aprendiste debido a los consecuencias.

a.)

b.)

c.)

# Capitulo 7

## *Abram Gran Miedo*

---

1. ¿Qué hizo Dios Abram pedir Abram a hacer? 12:1

2.) ¿Qué hizo Dios promesa Abram?

3.) Qué hizo Dios decir Abram sobre la palabra bendencecir? 12:3

4.) Qué hizo Dios decir sobre la palabra maldiciones? 12:3

5.) Qué hizo Dios promesa abram sobre la familias? 12:3

6.) Qué edad tenia Abram cuando el salido de Haran? 12:4

7.) ¿Dunde hizo Abram, Sarai, y Lot ir cuando se

8.) ¿En capitulo 12 verse 7, qué hizo Dios promesa Abram?

9.) ¿Qué hizo Abram ir a Egipto? 12:10

10.) ¿Qué mintira hizo Abram pidió a su esposa para decirle?

12:12

11.) ¿Qué podria pasar si no lo hizo decir esta mentira? 12:12

# Capitulo 8

## *Casamentero*

---

Sarai estaba en la edad y nunca se convirtió en una madre. Tenía unesclavo nombre Ager. Ella pensó, podría convertirse en una madre a través de ella. Abraham estuvo de acuerdo con lo que dijo. 16:1-4

Dios había prometido a la que la pareja un niño. 11:26 y 12:2-3

1.) ¿Tiene usted pensar Sarai estaba esperando en su milagro de Dios?

2.) ¿Por qué Abraham estuvo de acuerdo a su plan?

3.) ¿Qué pasa cuando Agar apprendó estaba embarazada? 16:4

4.) ¿Qué emocion hizo ella experience?

5.) ¿Quién hizo Sarai culpa para la confusión de la familia? 16: 5

6.) ¿Que hizo Abraham hacer a fijar el confufusion que aportó a su propia casa? 16:6

7.) ¿Qué hizo Sarai hacer to Agar? 16:6

8.) ¿Qué hizo el angel decir ager a hacer? 16:9

9.) ¿Qué hizo el angel promesa Ager si ella volvio? 16:9

10.) ¿Qué hizo el angel decir Ager que fue aparte su future? 16:11

11.) ¿Tiene usted ser una Sarai y no podia espere en Dios?

12.) ¿Qué pasó debido a su falta de fe?

13.) ¿Recibió alguien a ir junto con su plan?

14.) ¿Cuándo las cosas no salier en la forma en que queria, qué Hiciste?

15.) ¿Quién hizo tú culpar?

16.) Está en la edad y en buscar de milagro como Sarai?

17.) ¿Está en la edad y en buscar para un milagro diferente de Sarai?

# Capitulo 9

## *Dios Haces Otro Pacto con Abram*

---

1.) ¿Qué edad fue Abram cuando Dios querido a hacer otro pacto? 17:1

2.) ¿Quién fue el pacto ir a ser entre? 17:2

3.) ¿Qué hizo Dios decir abram? 17:4

4.) ¿Cómo hizo Abram convertirse en diferente en esta momento en su vida? 17:5

5.) ¿Qué fue Dios promesa a Abram en ese moment tambien? 17:5

6.) ¿Que fue Dios ir a haver para Abram? 17:16

7.) ¿Qué hizo Dios promesa Abram y su descendientes? 17:8

8.) ¿Quién hizo Dios decir él seria a descendientes de Abram? 17:8

9.) Qué fue el acuerdo que Abraham necesesitar a hacer a mantener el pacto con Dios? 17:9-10

10.) ¿Dunde hizo Abraham tiene a comienzo? 17:15

11.)¿Qué podria pasar a alguien que no estaba circunciso? 17:12-14

12.) ¿Quién cambió el nombre? 17:15

13.) ¿Cuál fue la promesa a su cónyuge? 17: 15-16

14.) ¿Qué prometió Dios Abraham con respecto a Ismael 17: 19

15.) ¿Cuál fue la promesa en relación con Sarah? 17: 20-

16.) Tenía Abraham circuncidado Ismael? 17:25

17.) ¿Alguna vez Dios te prometen algo? ¿Usted lo cree?

18.) ¿Ha esperado en él?

# Capítulo 10

## *Cuál Es El mensaje?*

---

1.) ¿Quién apareció ante Abraham mientras él estaba sentado a la entrada de su tienda? 18: 1

2.) ¿Qué dijo Abraham? 18: 3

3.) ¿Qué hizo Abraham? 18: 4-5

4.) ¿Qué hizo Abraham dar a los hombres? 18: 7-8

5.) ¿Cuál fue el mensaje a Abraham? 18:10

6.) ¿Cómo se tiene que esperar a que su milagro? 18:10

7.) Sara estaba escuchando en la tienda. ¿Cuál fue su reacción al mensaje? 18: 11-12

8.) ¿Qué pregunta hizo el Señor como Abraham? 18: 13-14

9.) ¿Qué tipo de sensación Sarah expresaron debido a la sorprendente nueva?

10.) Haga que Dios nunca le ha hablado sobre algo que usted pensó que no se haría realidad?

11.) ¿Cómo respuesta a la noticia?

12.) ¿Cuánto tiempo tiene que esperar a que su milagro?

13.) ¿Cree que Dios le dará una gran tarea en sus años dorados?

14.) ¿Usted cree que Dios va a usar hasta que te llama a casa?

# Capitulo 11

## *El Primer Niño del Milagro*

---

1.) ¿Cumplió Dios su promesa sobre Sarah? 21: 1

2.) ¿Cuál fue el gran milagro? 21: 2

3.) ¿Cuál fue Abraham parte en esta ocasión especial? 21: 3

4.) Lo que suceda 8 días más tarde? 21: 4

5.) ¿Qué edad tenía Abraham en este momento? 21: 5

6.) ¿Es realmente un milagro? si o no

7.) ¿Qué hizo Dios para Sarah? 21: 6

8.) ¿Qué le dijo Sarai piensa cuando se trata de otras personas? 21: 6

9.)¿Cual era la pregunta? 21: 7

10.) Qué edad es Sarah si Abraham tiene 100 años?

11.)Dios alguna vez han hecho una promesa a usted? Explique

12.)Lo especial que era para ti?

13.) ¿Su promesa de incluir a otras personas? Explique

14.) ¿Qué hizo Dios para usted?

15.) ¿Cómo se siente?

16.) ¿Qué responsabilidades vinieron con ella?

17.) ¿Qué parte de su tiempo se tarda?

18.) ¿ Hizo tú Sufrió?

19.) ¿Qué aprendiste?

20.) A pesar de que era doloroso, lo que fue la recompensa de su sufrimiento?

# Capitulo 12

## *El dolor Insoportable de Una Madre*

1.) ¿Qué pasó en la gran fiesta? 21: 8

2.) ¿Qué estaba Ager hacienda? 21: 9

3.) ¿Por qué Sarai quiere Agar e Ismael se vayan? 21:10

3.) ¿Cómo Dios consuele a Abraham? 21: 11-12

5.) ¿Qué hizo Dios cuota sobre Isaac? 21:12

6.) ¿Cuál fue la promesa a Abraham de su hijo Ismael? 21:13

7.) ¿Qué hizo Abraham a la mañana siguiente? 21:14

8.) ¿Qué ocurre cuando el agua se había ido? 21:15

9.) ¿Cuál fue Hager miedo durante su viaje? 21:16

10.) ¿Quién oyó la voz del muchacho? 21:17

11.) ¿Cómo se consoló Hager?

12.) ¿Qué hizo Dios los ojos abiertos Hager 's a gusto en su desesperación? 21:19

13.) Quién busca Ismael crecer? 21:20

14.) ¿De dónde hizo Ismael y su madre viven? 21:20

15.) ¿Cuál era el nombre del lugar? 2121

16.) ¿Qué regalo importante hizo Agar dio a su hijo? 21:21

17.) ¿Tienes usted has estado en una situación desesperada? Explique

18.) ¿Cómo fue Dios involucrado en su situación?

19.) ¿Cómo esta situación desesperada que dejar en un lugar difícil?

20.) Después de estar desesperada por un tiempo, ¿cómo llevar alegría?

# Capitulo 13

## *La Gran Prueba*

---

1.) ¿Cuál fue la asignación de Abraham de Dios? 22: 2

2.) ¿Quién todo estuvo involucrado en esta tarea? 22: 3

4.) ¿Cuál fue la tarea Abraham? 22: 3

4.) ¿Qué hizo Abraham ver desde la distancia? 22: 4

5.) ¿Qué hizo Abraham dicir sus siervos a hacer? 22: 5

6. ¿Cuál fue la segunda cosa Abraham dijo a sus servidores? 22: 5

7.) ¿Qué hizo Abraham con su hijo? 22: 6

8.) ¿Qué hizo Isaac preguntar a su padre? 22: 6

9.) ¿Cuál fue Abraham respuesta a su hijo? 22: 8

10.) ¿Cómo hizoAbraham demostrar su amor a Dios? 22: 9-10

11.)¿Qué hizo el angel dicir a Abraham? 22: 11-12

12).¿Cuál fue la gran bendición que pasaría a causa de su obediencia? 22: 16-18

13.) ¿Hizo tú nunca tener una asignación de Dios?

13.)¿Hizo tú ver cómo se iba a completar la tarea?

14.) Fue una oportunidad para demostrar su amor a Dios?

15.) Fue una oportunidad para demostrar su amor a Dios?

16.) ¿Era algo que pensó que Dios nunca le pedirá que hacer?

17.)¿Lo has hecho?

18.) 8.) ¿Qué bendiciones recibió de su obediente al Señor?

19.) Hoy eres tú alegras de que lo hizo?

# Capitulo 14

## *La pena Es Parte de La vida*

---

1.) ¿Qué le pasó a Sara? 23: 1

2.) ¿Qué hizo Abraham? 23:1

3. ¿Qué hizo Abraham pedir a los Hititas? 23:3-4

4.) ¿Qué fue los Hititas respuesta? 23:5-6

5.) ¿Quién hizo la cueva pertenece? 23:5-6

6.) ¿Cuál fue la solicitud Abraham? 23: 9

7.) ¿Qué hizo el hombre ofrece a Abraham? 23: 10-11

8.) ¿Cómo hizo Abraham responder?

9.) ¿Cuánto pagar por Abraham la tumba? 23:16

10.) ¿Qué Sara tienen la oportunidad de ver a su hijo a alcanzar la edad adulta joven y más viejo?

11.) ¿Fue una bendición para Sara a ver su alcance la edad adulta niño?

12.) ¿Dónde está enterrado Sarah?

13.) ¿Ha perdido un ser querido?

14) ¿Cree que usted podría entender lo que Abraham estaba sintiendo?

15.) ¿Usted pena como Abraham?

16.) ¿Se suprime sus sentimientos y se niegan a llorar?

17.) ¿Sabía usted se permite que pasan por las etapas de la pena?

18.) ¿Experimentó algo de culpa?

19.) ¿Ha tenido algo de pena?

20.) ¿Has visto un poco de alegría en la muerte individual?

Ejemplo: ¿Cuál fue la bendición de su amor una muerte?

a.) Él o ella ya no vive en el dolor porque él / ella estaba muy enfermo.

b.) Ella vivió hasta los 75 años y gozaba de la relación?

c.) Él vivió para ver a tres generaciones de su familia.

d.) Era un buen amigo y siempre me recordará su bondad.

# Capítulo 15

## *La oración Contestada Ora*
## *Después de Veinte Años*

---

.) ¿Qué pasará con Isaac a los cuarenta años? 24

2.) ¿Quién entró en su vida? 24: 6-7

3.) ¿Quién tomó la esposa de Isaac? 24: 1-4

4.) ¿Dónde estaban casados? 24:62

5.) ¿Cómo fue el matrimonio de Isaac 's consolarlo? 24:67

6.) ¿Quién tenía el primer conjunto de gemelos en la Biblia? 25: 3

7.) ¿Quién puede, en primer lugar y de qué color era? 25:25

8.) ¿Qué edad tenía cuando Isaac se convirtió en padre? 25:26

9.) ¿Quién favorito Esaú? 25:28

12.) ¿Quién favorito de Jacob? 2528

1.) ¿Quién vendió su primogenitura por una taza de estofado? 25:31

12.) ¿Ha recibido una gran bendición a los cuarenta años?

13.) ¿Cuál fue tu gran bendición a los sesenta años de edad?

14.) ¿Cómo ha afectado el favoritismo su vida en su entorno familiar?

15.) ¿Tiene un gemelo?

16.) En caso afirmativo, ¿qué tipo de relación que tiene con su hermano gemelo?

# Capitulo 16

## *El Truco Astuto*

---

1. ¿Qué sucedió cuando Isaac era viejo y ciego? 27: 2-4

2.) ¿Qué le dice a Isaac Esau hacer?

3.) ¿Qué hizo Isaac Promise Esaú

4.) ¿Quién más escuchó la conversación?

5.) ¿Qué le dijo Rebecca a Jacob hacer? 27: 7

6.) ¿Qué tipo de pelo animal necesitaba Rebeca? 27: 9

7.) ¿Qué hizo Jacob dijo a su madre? 27: 11-12

8.) ¿Qué le dice a Rebecca dejar caer sobre ella? 27: 3

9.) ¿Cómo vestir Rebeca Jacob su hijo?

10.) ¿Qué sucede cuando Jacob se llevó la comida a su padre? 27: 18-20

11.) ¿Cómo Issac respuesta a Jacob? 27: 21-23

12.) ¿Cómo fue la respuesta a Isaac a Jacob? 27: 21-23

13.) ¿Qué mentira qué Jacob dijo a su padre? 27:24

14.) ¿Qué hizo Isaac creía que esto era Esaú? 27:27

15.) ¿Qué hizo Isaac dan Jacob? 27: 28-29

16.) ¿Qué hizo Esaú a su padre que hacer? 27:32

17.) ¿Cómo fue la respuesta a Isaac a Esaú? 27:33

18.) ¿Qué hizo Isaac decir su sobre la bendición? 27:33

19.) ¿Cómo hizo Esau la respuesta a su padre? 27:34

20.) ¿Cómo hizo Esaú se siente sobre su hermano? 27:36

21.) ¿Qué fue Isaac a Esaú palabras finales? 27: 39-40

22.) ¿Cómo se siente cuando alguien le ha engañado a partir de algo espesial?

23.) ¿Alguna vez has engañado a alguien de algo que era especial para ellos?

24.) ¿Qué mentira le has dicho?

25.) ¿Qué aprendió personalmente de este historia?

26.) ¿Cómo puede el favoritismo destruir una familia?

27.) ¿Cómo estaba mal Rebecka?

28.) ¿Cómo estaba mal Isaac?

29.) Si engañado a alguien, ¿cómo se le ocurre?

# Capitulo 17

## *El Enojar de Esau*

---

1.) ¿Cuál fue las dos cosas Esaú sentía Jacob había tomado de él? 27:36

2.) ¿Esaú tenía un resentimiento contra Jacob. Lo que era Esaú planes? 27:41

3.) ¿Que se le dijo Esaú planea sobre su hermano Jacob? 27:42

4.) ¿Qué pasará con Jacob? 27:43

5.) ¿Dónde fue Jacob? 28: 5

6.) ¿Qué hizo Isaac decir Esau no volver a hacerlo? 28: 6

7. ¿Qué hizo Esaú hacer durante su rabia? 28: 8: 9

8.) ¿Alguna vez ha tenido un rencor contra alguien?

9.) ¿Qué hiciste?

10.) ¿Qué hizo usted acerca de su ira?

11) ¿Cómo trató de calmarse?

12.) ¿Sabía usted despida a sí mismo de la situación?

13.) ¿Qué se puede hacer para dejar de pensar en la situación?
   a. b caminar. ejecutar c. re añadir. hablar de sus siente

14.) Cuándo alguna vez herido debido a los juegos de la mente de personas juegan?

15.) No manipulación de juegos de la mente daño a otras personas?

# Capitulo 18

## *Es Tiempo de Amortización*

---

Jacob se va a vivir con su tío Labán y se encuentra con un nombre de mujer de belleza Rachel por las ovejas de su tío. Laban tiene dos hijas. El más antiguo es un nombre de Lea. Lea belleza se Differente de su hermana Rachel. La historia se vuelve interesante porque Jacob tiene una esposa no deseada. Nunca se gana su amor.

1.) ¿Cómo Raquel aparece a Jacob versos Lea? 29: 16-17

2.) ¿Cuál fue el acuerdo que Jacob hizo con su tío Labán? 29:18

3.) Jacob mantuvo su promesa, y lo que era su sueño?

4.) ¿Cómo Laban truco Jacob? 29:22

5.) ¿Qué pasará cuando llegó la mañana? 29:25

6.) Es Laban un hombre de su palabra? 29:26

7.) ¿Qué le dijo Labán a Jacob la promesa? 29:27

8.) ¿Qué le dijo Lea dar a Jacob que Raquel no pudo? 29: 31-35

9.) ¿Cuándo Rquel convertirse en celoso de Lea?

10.) ¿Qué te dijo Jacob? 30: 1-2

11.) ¿Cuál fue reaccionar Jacob?

12.) ¿Cuál fue la solución al problema Raquel? 30: 3

13.) ¿Qué ocurre? 30: 4,7-8

14.) Cuándo Lea viendo que ha dejado de tener bebés, ¿qué hizo?

15.) ¿Se Raquel siempre tienen un hijo propio? 30: 22-24

16.) han tenido alguna vez que alguien le prometa algo que 16.) Han tenido alguna vez que alguien le prometa algo que

17.) ¿cómo vestir Rebeca Jacob su hijo? 9.) ¿cómo vestir Rebecca Jacob su hijo?

18.) ¿Alguna vez ha tenido que sustituir, ya que podría no conseguir lo que realmente quería?

19.) ¿Cómo se sintió?

20.) ¿Se puede pensar en un momento en el que se convirtió en celoso porque tenías algo que alguien más quería? Explique

21.) ¿Se ha sentido como Rachel en su tiempo en directo? Explique

# Capitulo 19

## *La guerra Está En*

---

Dina era Lea y Jacob hija solamente.

Ella era Lea niño más pequeño.

1.) ¿Qué le pasó a Dina cuando ella fue a visitar a las mujeres de la tierra? 34: 1-2-

2.) ¿Qué le pida al shechem para después de haber cometido un crimen? 34: 4

3.) ¿Cómo Jacob y sus hijos se sientan sobre el crimen? 34: 5-7

4.) ¿Qué hizo Hamor habló con Jacob acerca? 34: 8-10

5.) ¿Qué trato se Siquem tipo quería hacer con Jacob? 34: 13-14

6.) ¿Qué hicieron los hermanos dicen a Siquem? 34: 13-14

7.) ¿Cómo hizo hermanos de Dina buscan venganza / 34:25

8.) ¿Cómo Simeón y Levi sienten que su hermana había sido tratado como? 34:31

9.) ¿Alguna vez ha sido violada?

10.) ¿Cree que Dina experence algunos de los mismos sentimientos que pueda tener la experiencia?

Algunos de los signos y síntomas de una violación son victima;

Dolor de cabeza; tensión; trastornos del sueño; los hábitos alimenticios cambian; llorando más de lo usual; didificultad para concentrarse; ser inquieto; siendo muy alerta y vigilante; miedo al sexo; menos interés en el sexo; bajar la autoestima; sensación sucia; la vergüenza y la humillación; enfado; el sentimiento de culpa; y la culpa; pesadillas; aumento de lavar y bañarse; baja en espiritu; y los intentos de suicidio.

11.) ¿Cree Dina se sentía sucia y tomó muchos baño tratando de sentirse limpio de nuevo?

12.) ¿Cree que Dina podría haber tenido muchas pesadillas?

# Capitulo 20

## *El Sueño Emocionante*

1.) ¿Por qué Jacob ama a su hijo José más que los otros hijos? 37:3

2.) ¿Qué hizo Jacob dar José y no dar a sus otros hijos uno? 37: 3

3.) ¿Por qué los hermanos de José lo odian? 37: 4

4.) ¿Qué hizo el hermano de José lo más odio 37: 5-6

5.) ¿Cuál fue la pregunta que los hermanos le pidió a José? 37: 8

6.) Cuando José dijo a su padre sobre el sueño, ¿qué hizo Jacob?

7.) ¿Qué otro tipo de sensación aun sus hermanos tienen hacia él otra que el odio? 37:11

8.) ¿Cómo Jacob causan el problema con su otro hijos?

9.) ¿Alguna vez ha tenido una aversión por uno de sus hermanos?

10.) ¿Usted siente que uno de sus padres favorito de uno de sus hermanos sobre ti?

11.) ¿Se ha sentido como uno de los hermanos de José?

12.) ¿Usted siente que uno de su división causa de los padres con su hermano a causa de favoritismo?

13.)¿ Fue usted capaz de perdonar y dejar que Dios sane su corazón?

# Capitulo 21

## *¿Qué Tipo de Relación Es Esto?*

1.) ¿Crees que José causó confusión con sus hermanos por ser un cuento de cajero? 37: 12-13

2.) ¿Hizo José ver a sus hermanos por primera vez? 37: 18-19

3.) ¿Qué fueron de los hermanos que planean hacer? 37: 19-19

4.)¿Qué hizo Reuben decir sobre el plan? 37: 18-19

5.)¿Por qué era Reuben preocupación por el plan? 37: 21-22

6.) ¿Qué hicieron los hermanos a su hermano José? 37:23

7.) ¿Quién ha dicho, ¿qué haria a ganar si lo matamos? 37:26

8.)¿Qué sucederá a José? 37:26

9.) ¿Cuánto dinero reciben los hermanos de José? 37:27

10.) ¿Cómo fue la respuesta de Jacob a la noticias de su hijo? 37:34

11.) ¿Dónde te gusta José cuando era más joven?

12.) Como un niño, qué odias un pariente?

a.) En caso afirmativo, ¿por qué?

b.) Si no, ¿alguien en su odio faimly un relativo de su familia?

13.)¿Se arrepiente por usted sentimientos o acciones?

14.)¿Alguna vez ha tenido celos de alguien de su familia? Explique

a.)¿Cómo hizo tu manejó la situación?

b.) ¿Es que hizo Dios fue su favor de corriente alterna

15.) ¿Se siente un miembro de la familia era celoso de ti? Explique

a.)¿Cómo hizo tu manejó la situación?

b.)¿Hizo tu misarecordar las leyes de Dios cuando se tomó la acción?

16.)¿Qué aprendió de esta situación?

17.) ¿Cómo se hizo más sabio?

18.) Si esto no le suceda a usted, ¿Cómo se puede utilizar esta historia para ayudar a alguien más?

# Capitulo 22

## *Mira Que Se Presentaron*

---

Jacob aprendido que fue trigo en Egipto y fue emocionado. Les dijo a sus hijos para ir a Egipto y obtener un poco de grano. Ellos tenían miradas extrañas en sus caras. Jacob dijo, ir obtener algunos del trigo, podamos vivir y no morir. 42: 1

1.) ¿Qué hermano no fue a ir comprar trigo en Egipto? 42: 2-3

2.) ¿Por qué Jacob se negó a enviar a su hijo menor a Egipto? 42: 2-3

En este momento Dios había bendecido José y él era el gobernador de Egipto.

3.) ¿Qué hicieron los hermanos cuando llegaron por primera vez en Egipto? 42: 6

4.) ¿ Hizo José reconoció a sus hermanos? 42: 7

5.) ¿Qué hizo José hacer? 42: 7

6.) ¿Sus hermanos reconocieron a José? 42: 8

7.) ¿Qué se acordó de José cuando se inclinen ante él? 42: 9

8.) ¿Qué hizo José los acusó de? 42:14

9.) ¿Cómo hizo José preguntar el carácter de hermanos?

10.) ¿Por qué los hermanos piensan que estaban siendo castigados? 42:21

11.) ¿Qué hizo Rubén recordar su hermanos el pasado? 42:22

12.) ¿Qué hermano se quedó atrás? 42:24

13.) ¿Qué fue órdenes José? 42:25

14.) ¿Qué creían que Dios hizo por ellos? 42:28

15.) ¿Qué hicieron los hermanos le dicen a su padre sobre los hombres honrados? 42:28

16. ¿Qué dijo Jacob pensar que había perdido? 42:35

17.) ¿Qué hizo Reuben sugerir? 37:38

18.) ¿Cómo fue la respuesta de Jacob? 42: 37-38

19.) ¿Esta historia te recuerda a un problema que tenía en su familia?

20.) ¿Qué hicieron sus hermanos le enseñan sobre la vida?

# Chapter 23

## *Aquí viene los Hermanos*

---

1.) ¿Por qué los hermanos se remontan a Egipto? 43: 1

2.) ¿Qué hizo José demanda de ellos? 43: 3-5

3.) ¿Qué hizo Judá garantiza su padre? 43: 8-9

4.) ¿Qué hizo Jacob dijo a su hijo a poner en la bolsa como regalo a José? 43:11

5.) ¿Qué dijo tomar el doble de como un regalo? 43:12

6.) ¿Cómo demostró José su hospitalidad a su familia? 43: 15-16

7. ¿Los hermanos de José piensan que se convertirían en esclavos? 43: 17-18

8.) ¿Cuál fue la pregunta José pidió a sus hermanos? 43: 26-28

9.) ¿Cuál fue la reacción de José a su hermano? 43:30

10.) ¿Quién no podía comer con los hebreos? 43:32

11.) ¿Quién placa era más grande que los otros hermanos?

12.) ¿Alguna vez gurantce un safty miembro de la familia?

13.) ¿Alguna vez ha perdido las rotondas eran de una familia ¿miembro?

14.) Entonces has encontrado la persona, lo que fue eso para ti?

15.) ¿Usted guardó una persona de su amor uno?

16.) ¿Cuáles fueron algunas de la pregunta que usted?

17.) ¿Cómo reaccionan el único amor hacia usted?

18.) Fue su regalos especial?

# Capitulo 24

## *La Taza Especial*

---

1) ¿Quién hizo José da su taza de entre sus hermanos? 44: 1

2.) ¿Cuál era el plan Jose? 44: 3-5

3.) Que se le dijo que los hombres acerca de los bienes amortizados? 44: 3-5

4.) ¿Qué pasaría si se encuentra la taza de plata? 44: 6-9

5.) ¿Qué le dicen a José Judá? 44: 18-20

6.) ¿Qué le dirá Judá José acerca de su padre? 44: 27-29

7.) ¿Cómo Judá abogan por su hermano más joven que salir Egipto? 44: 33-34

8.) Haga que alguna vez alguien te dio algo especial y entonces él / ella pretendido que lo robaste?

9.) ¿Se sintió que era un plan para recuperarlo?

10.) ¿Alguna vez se consiguió acusado de un delito que no cometer

11.) ¿Está el objeto robado se encuentra en su pertenencia?

12.) ¿Cuando te detengan? detengan?

13.) ¿Alguien en su miembro de la familia conseguir acusado de algo que no lo hacen?

14.) ¿Qué fue sus sentimientos acerca de la situación?

55.) ¿Qué pasará con su amor uno?

16.) ¿Cómo se siente con el resultado de la situación?

# Capitulo 25

## *La Fiesta de Bienvenida*

---

1.) ¿Quién le dijo a Jacob que no tenga miedo de ir a Egipto? 46: 3

2.) ¿Qué le prometió Dios a Jacob? 46: 4

3.) ¿Quién todos fueron a Egipto con Jacob? 46: 5-7

4.) ¿Quién es Jacob nació primero? 346: 8

5.) ¿Cuál de los hijos de Jacob experimentan una muerte de un niño y as de una vez? 46: 2

6.) ¿Crees que Jacob y su hijo que perdió dos hijos pueden relacionar unos con dolor de los demás? 46: 2

7.) ¿Cuántos hijos tuvo José? 46:20

8.) ¿Cuál era el nombre de la esposa de José? 46:20

9.) ¿Quién tenía la mayoría de los hijos de Jacob entre los niños? 46:21

10.) ¿Qué nombre no hija nieto después de su abuela Sara? 46:17

11.) ¿Cómo fue la respuesta de José cuando vio a su padre otra vez? 46: 28-29

12.)¿Qué hizo José dijo a su familia para decirle al faraón? 46: 31-34

13.) ¿Dios te pido que ir a algún lugar que tenían miedo de ir?

14.) ¿Cómo Dios te consuele?

15.) ¿Alguna vez has hecho una promesa a Dios?

16.) ¿Usted se pregunta si la promesa se cumpla?

17.) Se le sigue esperando que Dios acompletar su promesa?

18.) ¿Está usted o cualquiera en su nombre de familia después de un ser querido que ha muerto?

20.) ¿Alguna vez experimentar la perdida de un ser querido y más tarde se enteró de que

# Capitulo 26

## *Dios Llama Jacob Casa*

---

1.) ¿Cómo fue la respuesta de José a la muerte de su padre? 50: 1

2.) ¿Cuántos días qué los egipcios toman para embalsamar el cuerpo de Jacob? 50: 2-3

3.) ¿Qué favor le pidió José pedir al tribunal faraón? 50: 4

4.) ¿Qué promesa hizo José hace su padre? 50: 5

5.) ¿José a mantener su promesa de la corte? 50: 12-14

6.) ¿Qué hizo Jacob la pida a su hijo José después de su muerte? 50: 15-17

7.) ¿Qué hizo José verdad? 50:17

8.) ¿Qué hizo José sobre Dios? 50:20

9.) ¿Cómo tratar a su hermano Joseph 50:21

10.) José lloró sobre su padre. ¿Usted cree que está bien para un hombre que lloró?

11.) ¿Cómo se afligen por un ser querido?

12.) ¿La persona que pida el hacer algo después de la muerte individual?

13.) ¿Alguna vez se hace una promesa para hacer algo por alguien después de su muerte?

14.) ¿Le perdonamos a todos los que te ha herido?

15.) ¿Es difícil para usted ser amable con la gente que le ha hecho daño?

# Capitulo 27

## *¿Qué Pasa con El autor?*

---

Moisés es el autor del libro de Génesis. Él escribió los primeros cinco libros de la Biblia. Se les llama el libro de la ley.

Lo que es interesante acerca de la vida de Moisés?

Moisés padres eran Amram y Jocabed. ¿Sabía usted que Jocabed era la madre de Moisés y tía abuela. ¿Cómo ocurrió eso? Amram se casó con la hermana de su padre. número 26:59

Moisés tenía un hermano. Tenía una hermana más vieja nombre Mirian. Números 26:59

Él tenía un hermano que era tres años mayor que él. Su nombre era Aaron.  Éxodo7:7

Moisés vida es dividido de tres partes

40 años en Egipto Éxodo 2-4: 31

40 años en Madián Éxodo 2: 11: 11-25 - 04:19

40 Años en Éxodo desierto 15: 22-Números 5

Cuarenta Años en Egipto

Dios salvó la vida de Moisés dos veces en el río Nilo. Moisés no se ahogó en el río. Moisés no fue comido por los cocodrilos.

Durante ese tiempo en la historia, se informó de que había muchos cocodrilos en theNiles río.

Moisés fue adoptado por la hija de faraón.

Ella pagó a la madre biológica para darle de mamar.

Él fue a la mejor de las escuelas. En el tiempo de hoy, educación Moisés sería un doctorado o superior.

Moisés tuvo problemas identidades porque él no sabía quién era.No sabía que eran sus verdaderos padres.

Estos tipos de problemas hacer que un individuo tiene una baja autoestima. Él le faltará confianza en sí mismo. Recordaba cómo habló con Dios en Arbusto Quemeando. Tenía un problema del habla así.

Moisés fue a Madián. Corrió por su vida. Aprendió que uno de los esclavos vi matar al egipcio. Tenía miedo de lo que el faraón que hacer con él. salió de Egipto tan rápido como pudo.

Lo que Pasó en Madián

Moisés vivió en Madián durante cuarenta años.

Encontró una mujer y su nombre es Séfora. Tenían dos hijos. Su nombres fueron Gersón Éxodo 2:21 y su hijo más joven de nombre fue Eleazar. Éxodo 18: 2 Moisés tenía un y su nombre era Jetro.

Jetro era a un sacerdote. Tenía siete hijas. Séfora era la mayor de sus hijas. Éxodo 2:16 Moisés tenía seis cuñadas. Tenía una gran familia. Entoncesjusto antes de dejar Madián, que tenía un gran encuentro con Dios en Ardiente Quemando.

Curentra años en La naturleza

Dios le dio su gran misión en la ardiente marquendo.

Él y la gente había salido de Egipto. El Faraón dejó ir a los israelitas. Dios dividió el Mar Rojo para darles la libertad de los egipcios y el faraón.

Él estaba en su gran asignación de Dios. Dios le dio a Aarón para que le ayuden con esta asignación. vió a Egipto para enfrentarse al gran gigante de su vida del faraón. Se le dijo que decirle al faraón que dejara a mi gente, así ha dicho el Señor.

Después de las plagas, excepto la última, que la muerte del hijo del faraón. Entonces cuando el hijo del faraón murió. El faraón dijo a Moisés que llevar a la gente y se van. Parte de asignación de Moisés fue a dirigir la gente fuera de Egipto.

Moisés y la gente tuvo una pascua. Mosisés fue usar to monstrar el farón el poder de Dios y el el maravilloso milagro en el Mar Rojo. eo que la salida de Egipto fue una señal de que Dios usa para ayudar a las la gente crea en él. También creo que el Mar Rojo fue una gran señal que Dios dio a la gente a confiar en él. Éxodo 14

Moisés recibió los Diez Mandamientos en el Monte Sinaí. Las leyes son para ayudar a las personas a desarrollar buenas caracteriza como crecer y madurar en Dios. Forshe creen que tambíen se les dio estas leyes para ayudarnos a agradar a nuestro Padre Celestial. Nosotros debemos hacer estas leyes, aparte de nuestro estilo de vida. Éxodo 19

<u>Moisés gran error</u>

Dios le dio a Moisés instrucciones sobre cómo llegar a la gente algo de agua. Moisés golpeó la roca dos veces en lugar de hablar a la roca. Numero 20

## Consecuencias de Moisés

No era capaz de entrar en la tierra prometida. Dios le permitió ver desde la distancia. Deuteronomio 34

## Otra Gran Milagro

En el desierto Dios permitió manera de bajar del cielo.

También tenían quailes. Éxodo 16

Moisés vivió hasta los 120 años.

# Capitulo 28

## *Liderazgo*

---

*Qué eran Moisés habilidades de liderazgo*

*Moisés era persistente.* Continuó iba delante del faraón. Éxodo 5

*El paciente número 20: 8-13*

*Enseñable*

a. Él manejado todas las disputas. Éxodo 18: 13-16

b. Escuchó a su padre-en-ley. Éxodo 18:24

*Fiel*

a. Tomó las quejas de lagente al Señor. Número 11: 10-15

b. Sus deslealtad y rebelión actitudes.

**Moisés fue obediente.**

a. Él hizo lo que el le había pedido. Número 14: 1-10

b. Él envió a doce especias de revisar la tierra.

c. Él escucha a Caleb y Josué. Le dijeron a la gente a confiar en Dios.

d. Moisés abogan por el pueblo delante de Dios. Número 11:19

e. Moisés compartió la noticia con el pueblo y lloran por ellos en gran medida.

Número 11:39

f. Era alentador. Él les dijo que el Señor estará con ellos.

g. Moisés tenía fe. Hebreos 11: 23,29

f. Moisés era un observador. Observó buscar las israelitas la mannera ellos eran tratados. Exodus 2:11-13

1. Como un líder, ¿cómo estás como Moisés? Explique

2. Cómo eres diferente de Moisés? Explique

3. ¿Cómo puede la ayuda Moisés error que crecer y madurar como líder?

5. ¿Qué se puede aprender de Moisés como líder?

*Abraham y José Características como líder.*

*Abraham*

Generosidad 13: 9, 14:23, 25: 6
fidelidad 14:14, 24, 17:18
hospitalidad `18: 2, 21: 8
la compasión 16: 6, 21:14

Se le entiende. 18: 23-24
auto-respeto 14:23, 21:35
la valentía real de 14: 14-16

¿Qué características tiene como Abraham?

¿Cómo pueden estas características ayudará a alcanzar sus metas en el Señor?

¿Tiene el deseo de agradar con sus asignaciones de Dios como Abraham?

¿Estás tratando de desarrollar tus habilidades que Dios te dio para hacer su voluntad?

*José*

humildad 15:33
disciplinado 39: 1-23 40:23
37-41 fidelidad
de gracia de 45: 1-28
integridad 39: 1-23
competencia 39: 1-23
sabia 37-50

¿Cómo haces José desarrollar algunas de sus habilidades?

¿Qué lecciones qué Dios permitió a suceder a José para ayudar a desarrollar algunas de sus habilidades.

Lista de tres maneras que están tratando de desarrollar sus habilidades?

ejemplo: La paciencia

¿Cómo estás manejando un montón de tráfico cuando se conduce?

Es lo que ves la prueba de que Dios está permitiendo que en tu camino?

¿Está eliminando prueba?

¿Cuántas veces estás repitiendo el mismo error?

¿Estás preguntando ¿cuántas veces tengo que repetir esta prueba antes de que pasado?

¿Si pasado la prueba, lo que ha aprendido de la prueba?

¿Cuáles son sus dones espirituales que va con su propósito en la vida.?

Los dones espirituales son herramientas para ayudar a cumplir con el plan de Dios para nuestra vida.

Los dones espirituales se indican a continuación se encuentran en tres pasajes: Romanos 12: 6-8, 1 Corintios 12: 8-10; 28-30 y Efesios 4:11

Administración
Conocimiento
Apostolado
Liderazgo
Discernimiento
Misericordia
Evangelización
Milagros
Exhortación
Pastor / Pastora
Fe

Profecía

Dando Servir / Ministrando

Curación Enseñanza

Interpretación de

Lenguas Lenguas

Sabiduría


14 - Ayudante (Lot) Dando Servir - 13:1-14:24


l


12:1-25:11-Adminstración- *__Abraham__* -
Evangelización - 18:33


l


*__Misionero__* – 12,14,15


l


Su propósito para la vida   2 Timoteo 1:9


l

Fe – Hebreo 11:8

Noé era un hombre de familia. Él enseñó a su familia a lidiar con chismes, rumores y críticas como lo hizo la obra del Señor.

Sabiduría

1

Poder de Interpretación 37:1 – 44:9

*José*

Administración – **_Gobernador_** – Organización

1

Su propósito para la vida   2 Timoteo 1:9

1

Discernimiento – 39:1-20

l

*Liderazo - dones espirituales - fe*

*l*

Misericordia

Fe – Hebreo 3:5

l

Liderazgo - Éxodo 14

l

a.) (Milagros - *<u>Moisés</u>* - Adminstración – (b.)

<u>***Líde***</u>r (**<u>Pastor</u>**) Efesios 4:11

a.) El Mar Rojo - Éxodo 14:21 – l b.) – Éxodo 14

Su propósito para la vida   2 Timoteo 1:9

1

## La oración del guerrero - Éxodo 34:28

Servimos una gran sabio Dios creador. Él es tan único que tiene la capacidad de hacernos todos diferentes. Cuando pensamos en que somos únicos, que nos recuerda nuestro Dios creador.

Forshe cree que Dios conoce nuestro carácter. Él sabe lo que un individuo le permitiría cambio en ellos. Dios nos da la libertad de elección. Él nos dio dones espirituales que se desarrollan y se utilizan nuestras habilidades con nuestro propósito de completar su misión.

Forshe cree;

Lo que hace a un hombre un hombre?

a.) Es partes de su cuerpo.

Lo que hace que un hombre diferente?

a.) Es su cultura.

Lo que hace a un hombre un individuo?

a.) Es su carácter.

Es lo mismo para una mujer. Todos somos diferentes en nuestra propia pequeña manera.

Esto es lo que constituye único. Un único Dios creador nos hizo.

Nuestro propósito es por eso que estamos en esta tierra. Cuando pasado un cementerio o ir a un cementerio

Me pregunto a mí mismo estas preguntas.

1.)¿ Me pregunto cuántos cuerpos en el cementerio que se introdujo a Jesús?

2.) ¿Cuántos se salvaron?

3.) ¿Cuántos sabían que su propósito para la vida?

4.) ¿Cuántos eran capaces de caminar en su propósito dado Dios?

5. ¿Cuántos fueron capaces de completar su propósito?

Dejo con estas preguntas en mente.

1.) ¿Quién eres en el cuerpo de Cristo?

2.) ¿Usted cree que usted nació por una razón? Jeremías 1: 5

3.) ¿Cree usted nació por una temporada?

4.) ¿Qué haces en tu tiempo?

5.) ¿Qué haces aquí?